Norma Samuelson
una vida, un huérfano

Resumen: las imágenes cuentan la historia de un niño
huérfano que se enfrenta a situaciones difíciles, termina
en un orfanato, va a la escuela y regresa como maestro a
su querido hogar el orfanato. La historia está basada en la
vida real de un huérfano en México.

ISBN 978-1-7329192-5-9

Publicado por **Esperanza Press**, 2019

Norma Samuelson

una vida, un huérfano

Con gratitud a Gabrielle Vincent por la inspiración de este libro, que fue basado en el concepto de su libro *Un día, un perro*

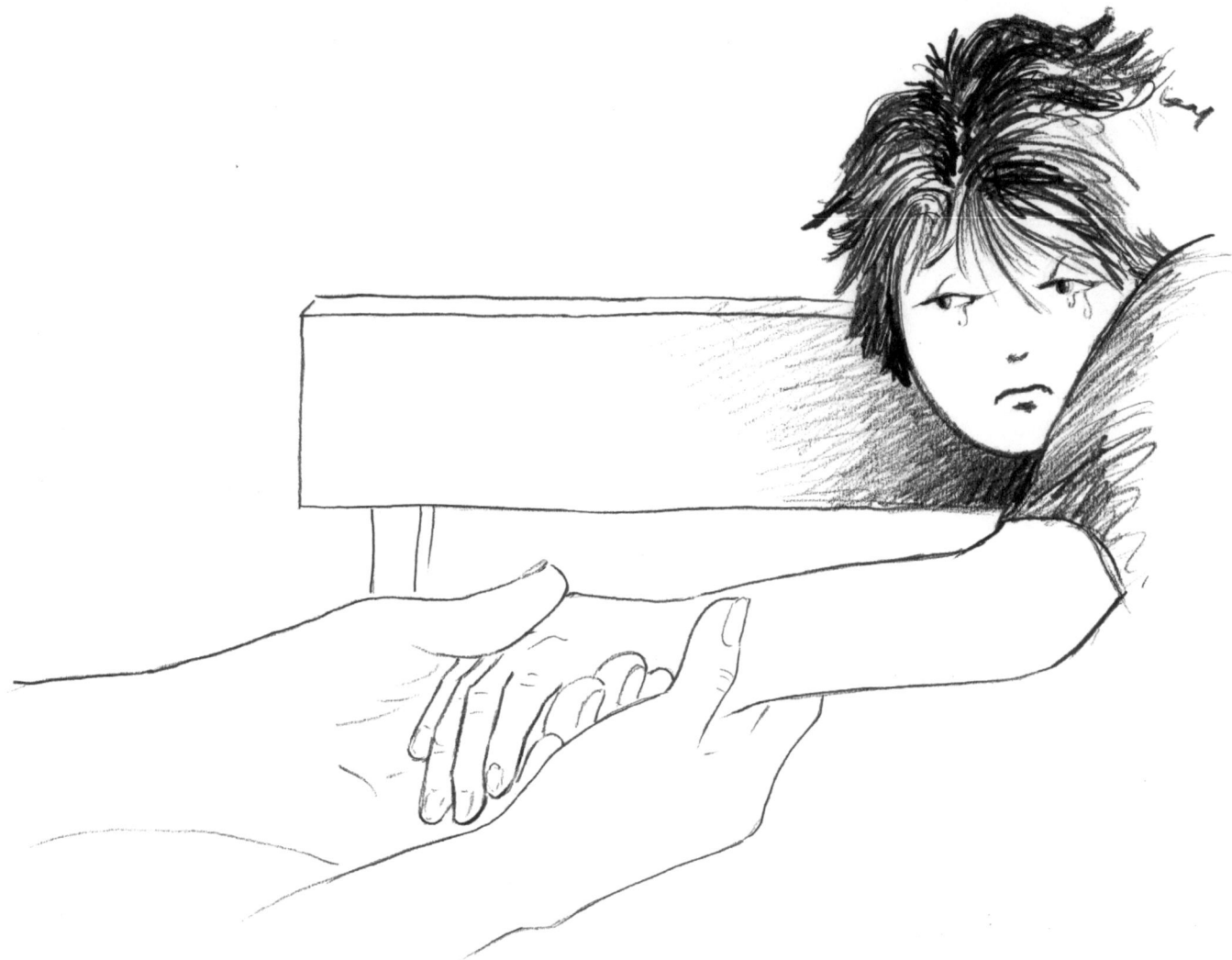

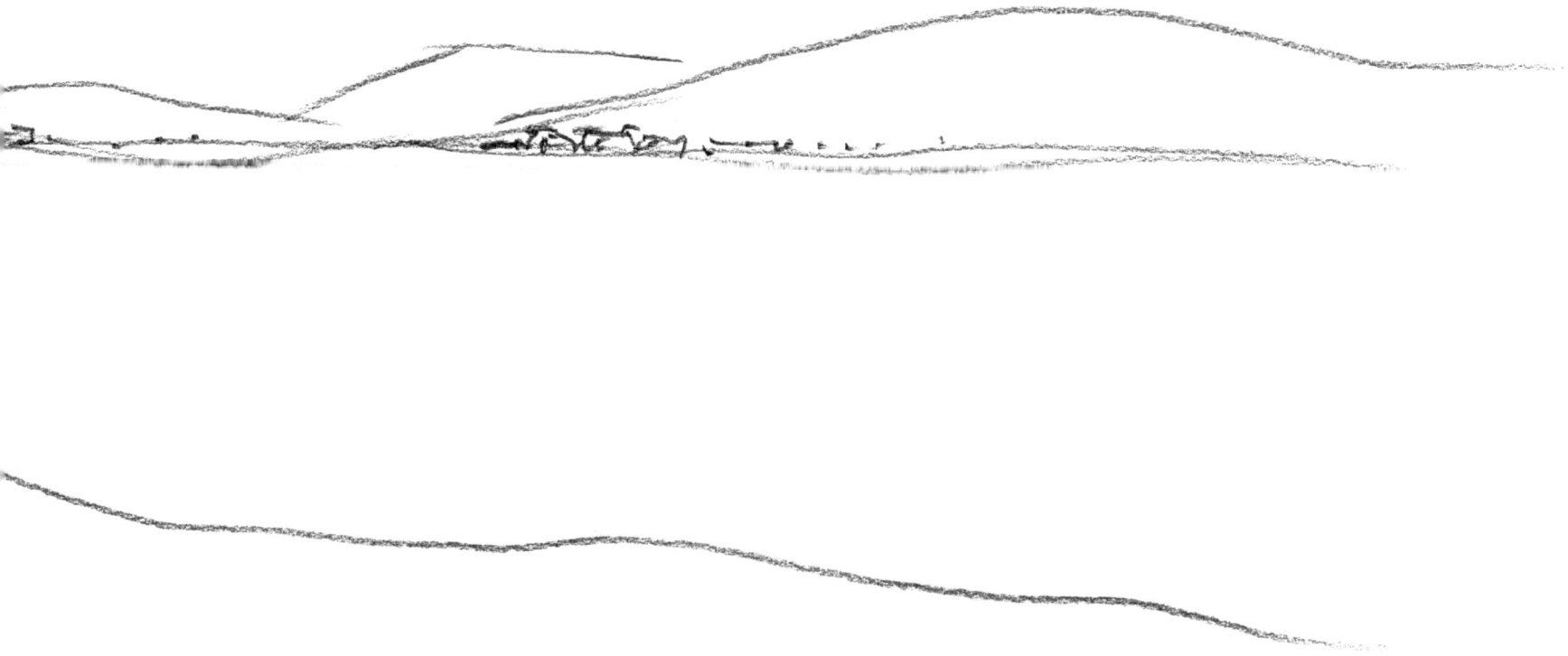

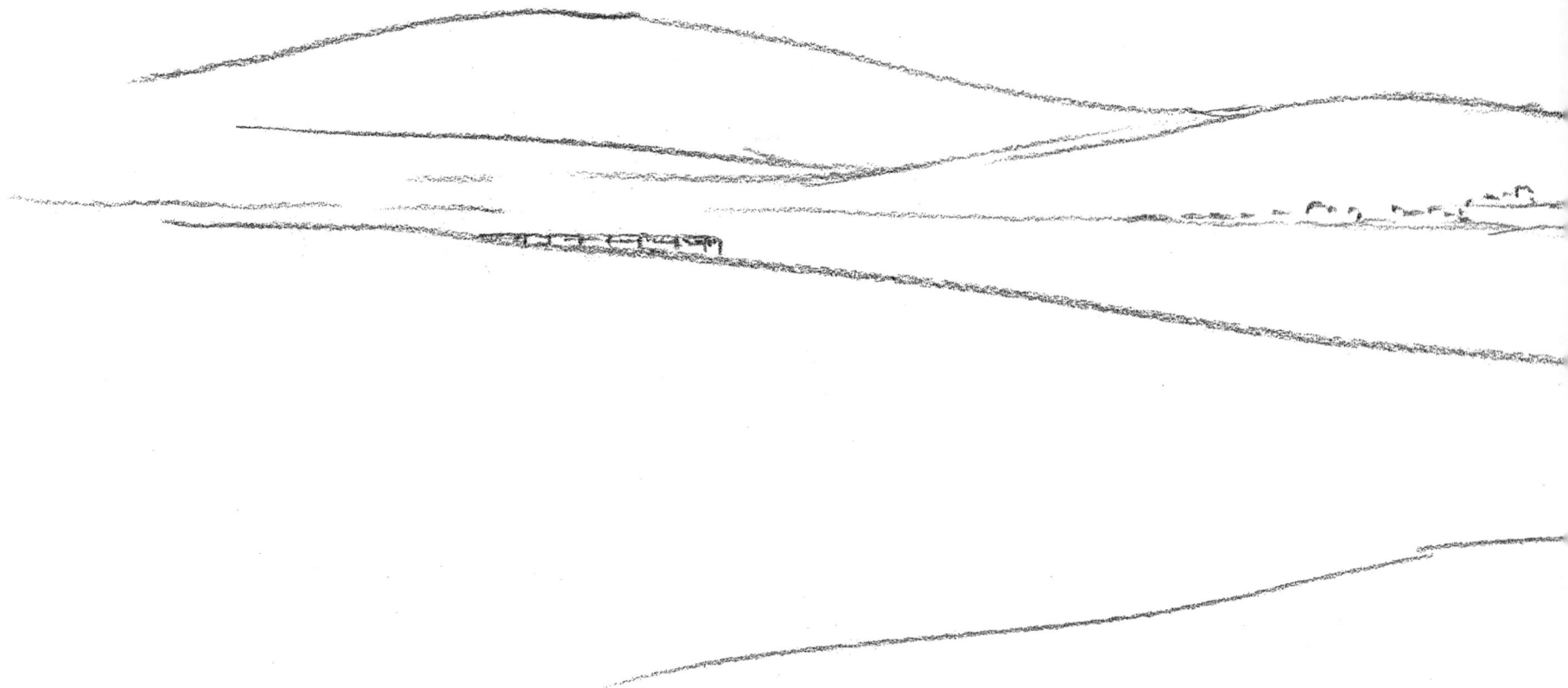

$$X = \frac{-b \pm \sqrt{b^2 - 4ac}}{2a}$$

$$= 2\sqrt{2^2 - 4 * (1) + (\cdot$$

$$= \frac{2 \pm \sqrt{4 + 3\cdot}}{2}$$

Norma Samuelson
una vida, un huérfano

Este libro utiliza la tipografía 'Bell MT'

ISBN 978-1-7329192-5-9

Publicado por **Esperanza Press**, 2019